AF235809

Nackt

Gedichte

Jaqueline Claus

In diesem Moment,

fühlte ich mich schutzlos und nackt,

das ist Fakt.

Nach all der Liebe,

gab es da nur noch diesen Schmerz,

in meinem Herz.

Wie sollte es bloß weitergehen,

sollte ich es je verstehen?

Darum soll es hier nun gehen.

Bereits erschienen:

Der Kampf um mein Leben

Im Kleid der Trauer

Bibliografische Information der Deutschen Nationalbibliothek: Die Deutsche Nationalbibliothek verzeichnet diese Publikation in der Deutschen National-bibliografie; detaillierte bibliografische Daten sind im Internet über dnb.dnb.-de abrufbar.

© 2019 Jaqueline Claus

2. Auflage

Covergestaltung: Julia Janßen

Herstellung und Verlag: BoD – Books on Demand, Norderstedt

ISBN 978 375 281 5825

Herr Kummer

Lieber Herr Kummer,
gib mir endlich deine Nummer.
Dann kann ich dich endlich zurückrufen
und du hörst vielleicht auf mich ständig zu besuchen.
Ich kann das so nicht mehr,
wie lange ist es her?
Reicht nicht all die Zeit,
macht mich nun bereit.
Dass ich sobald ich uns erwähne,
verliere keine Träne
oder mich gar schäme?
Brauch ich am Ende gar viel zu lange?
Du bist da,
immer noch so nah.
Sobald ich nur daran denke,
all dem einen weiteren Gedanken schenke,
mir den Kopf wieder mal dabei zerdenke.
Wann gehst du für immer fort,
an einen ganz fernen Ort?
Soll ich es einfach weiter aushalten
oder gar anfangen mit allem etwas völlig Neues zu gestalten.
Dann sollte ich aufhören,
mir mit alldem Widerstand
beim Benutzen des Verstands

mich selber weiter zu zerstören.

Wieder gelassen,

zulassen,

all den Schmerz,

der da noch ist in meinem Herz.

Egal wie sehr ich es nicht will,

manchmal braucht es dafür einfach die Still.

Zieh nicht mehr in die Schlacht

und nehm dir dadurch sämtliche Kraft.

Sonst kannst du ihn nie kriegen,

deinen endgültigen Frieden,

sondern wirst auf ewig nur dich selbst bekriegen,

um irgendwann allem zu erliegen.

Lieber Herr Kummer,

ich hab jetzt deine Nummer.

Wenn du erkennst, dass du immer nur rennst

Immer weiter und weiter,
selbst ganz ohne irgendeine Leiter.
Kein Ort mehr dort,
du bist völlig ohne irgendeinen Hort.
Fühlst dich so völlig ohne Schutz,
läufst einfach immer mehr,
all dem bist du dir nicht mehr gewahr.
Kannst dem die eigentliche Gefahr gar nicht entnehmen.
Willst einfach nur noch gehen,
immer mehr,
immer weiter,
fort an einen anderen Ort,
auf der Suche nach einem neuen Hort.
Einem an dem du dich traust,
all die Mauern,
die du bisher erbaut
wieder fallen zu lassen.
Wo du kannst kommen zur Ruh,
stehen lassen endlich deine Schuh.
Mal bleiben,
statt gehen.
Eine Pause einlegen,
ohne schon wieder dem nächsten Ziel entgegen.
Wenn du weitergehst,

mit dieser Hast,

ganz ohne jegliche Rast,

weißt du was du davon hast.

Lange kann es so nicht weitergehen,

du musst endlich zu hören und verstehen.

Auch wenn es weh tut

und du glaubst dir fehlt der Mut.

Am Ende ist es das,

was dir allein tut gut.

Worin du wiederfinden wirst,

neue Kraft und neuen Mut.

Du musst anfangen mit dem aufhören,

sonst wirst du dich noch selbst zerstören.

Fang wieder an auf dich zu hören.

Lass zu was da ist,

hör auf dich zu wehren,

damit tust du es dir nur unnötig erschweren.

Niemanden musst du es erklären.

Die ganze Zeit ist es da,

so nah,

Teil deines Lebens,

schon klar.

Wir sind die,

die wir sind,

aus dem was war

und werden die,

aus dem was ist.
Also sei wer du bist,
weil du niemand anderen kriegst.
Hör in dich hinein,
lass die Vergangenheit rein,
auch der Schmerz geht vorbei,
macht dich letztlich sogar frei.
Statt weiter wegzurennen,
nehme ich mir nun Zeit,
anzuerkennen was war,
weil es das ist, was bleibt
und mich dann nicht mehr weitertreibt.

Ich kann dich noch immer sehen

Die Angst ist vorbei,
jetzt ist es eh einerlei.
Wir sind immer noch entzwei.
Im Supermarkt stand ich da,
sah dich plötzlich,
schaute nochmal hin,
schließlich macht es doch keinen Sinn.
Beim zweiten Mal,
erkannte ich,
ich sah nicht dich.
Am Ende,
will ich nicht mal mehr dich,
 in diesem Gedicht,
dennoch sehe ich manchmal dein Gesicht.
Sehe dich plötzlich hier,
direkt bei mir.
In Wirklichkeit bist du so weit weg
und ganz sicher nicht an diesem Fleck,
wie krieg ich dich wieder weg?
Sehe ich vielleicht schon Gespenster?
Gerade sitze ich am Fenster im Bus,
mach jetzt Schluss.
Lass dich gehen,
uns,

die, die wir einst waren,
fange an mir das Elend zu ersparen.
Wir werden nie wieder,
wer wir waren.
Statt dich,
erkenne ich nun mich,
sehe klar und bin mir selbst so nah.
Das ist wahr.

Lebenshaus

Aus,
der ganze Rauch ist raus.
Es ist wieder mein ganz eigenes Haus.
Voll von lautem Lachen
und vielen schönen Sachen.
Manchmal muss ich am besten,
einfach mal machen.
Nicht nur immer daran denken,
um mir dabei den Kopf zu verrenken.
Denn das Leben ist voll von schönen Geschenken.
Ich reise endlich wieder,
mach mich selbst nie wieder nieder.
Stattdessen, fährt mir die Liebe in die Glieder.
Ich singe wieder schöne,
fröhliche Lieder.
Das Leben ist so viel mehr,
als ich zu wissen glaubte,
weil ich einfach nicht vertraute.
Sondern auf Angst und Misstrauen baute.
Zwischendurch mir sogar vor der Liebe graute.
Doch ich lernte zu verstehen,
es kann auch ganz anders gehen.
Voller Liebe und Vertrauen,
damit ein Haus bauen,

eins das trägt,

für das dein Herz schlägt.

Ein solches Haus kann ein jeder weben,

durch sein Leben.

Dann wird es einen Sinn ergeben,

dein Leben.

Wunder

Manchmal brauchen wir sie,
um wieder zu glauben
oder zu vertrauen.
Dann kommen sie plötzlich
ohne Vorwarnung und im ersten Moment hast du keine Ahnung.
Heute ist so eins da.
Mein Herz ist erfüllt voller Liebe und Dankbarkeit.
Ich kann lachen
und lauter schöne Dinge machen.
Sein wie ich bin,
plötzlich macht alles wieder Sinn.
Ein Wunder, dass ich am Leben bin,
ich krieg das hin.

Die Tür ist zu

Wir leben wieder in unseren eigenen Welten,
wo ganz andere Regeln gelten.
Als die die wir uns erdachten, einst gemeinsam machten.
Ich und du
noch lachten.
Waren zu allem bereit,
träumten uns so weit
und fort an einen fernen glücklichen Ort.
Dort wo die Liebe wohnte,
sie zu Hause war,
immer ganz nah,
ohne sich zu schonen,
wollten wir für immer in ihr wohnen.
Es sollte anders kommen,
wie gewonnen, so zerronnen.
Konnte es genießen,
werde die Zeit für immer in mein Herz einschließen.
Dort lass ich sie nie wieder hinaus,
auch wenn es zwischen uns ist inzwischen aus.
Ein Teil von uns wird immer bleiben.
Egal was kommt,
egal was ist,
ich bin die,
die nie vergisst.
Auch wenn sich diese Tür nun für immer schließt.

11

Die Erinnerung an uns

Es liegen so viele Momente dazwischen,
ich dachte es würde mich nicht mehr erwischen.
Trotz all der Ewigkeiten,
lässt sich mein Herz ab und zu verleiten.
Manchmal steh ich dann plötzlich da und alles ist so furcht-
bar nah,
in meinem Herz
ist da wieder dieser Schmerz.
Da denk ich an uns und unsere Zeiten,
in denen wir meinten,
wir werden für immer gemeinsam durchs Leben gehen,
heute kann ich es kaum verstehen.
Ab jetzt werde ich den Weg wieder alleine gehen.
Ein Teil von uns wird immer bleiben,
in diesem Ort,
dem Hort in meinem Herz.
Lieber Schmerz,
ich habe es verstanden,
du darfst heilen,
ohne zu eilen.
Und ich bin aus dir wieder auferstanden.
Ich erinnre mich,
an dich,
an uns,

ganz ohne Verdruss.

Doch mit diesen Schmerzen und dem Verleiten mach ich
jetzt Schluss.

Alles hat seine Zeit,

ich bin so weit.

Geh voran,

und denk daran.

Wie alles begann und ich mich nun auf mich besann.

Die Erinnerungen werden niemals vergehen,

doch ich muss weitergehen,

wieder was für mich machen,

mit dem Herzen lachen und solche Sachen.

Es ist vorbei, wir sind nun mal entzwei.

Jedem von uns geht es inzwischen gut,

dass macht mir Mut.

Ich und Du

Ich und Du,
lässt mir einfach keine Ruh.
Und da gehört schon einiges dazu.
Ständig muss ich an dich denken,
diesen Gedanken meine Zeit schenken.
Bloß wieso?
Wir haben uns noch nie gesehen,
wissen nur, dass wir uns gut verstehen.
Kann es auch so gehen?
Ich muss dich sehen,
damit da diese Fragen gehen.
Wie soll ich sonst auf meine Reise gehen.
Alles durcheinander,
ohne ein gemeinsames Miteinander.
Sicher ist,
das ist gewiss,
egal was ist,
ich gehe,
weil ich dazu stehe.
In dem Moment wo wir uns sehen,
werde ich es dann endlich verstehen?
Oder frag ich mich dann,
kann ich überhaupt noch gehen?
Was wird geschehen?

Ich weiß es nicht,
dies hier ist ein Gedicht.
Mehr weiß es noch nicht.

Chaos

In mir herrscht das reinste Chaos.
Weiß weder ein noch aus,
finde ich den Weg wieder heraus?
Macht das alles wirklich Sinn?
Wo gehöre ich hin?
Keine Ahnung.
Das ist doch der Grund,
es läuft nicht rund.
Deshalb muss ich gehen,
um es zu sehen und versuche endlich zu verstehen.
Mich, die Welt und das Leben, eben.
Geld ist es nicht allein,
das hab ich verstanden,
mehr Sein statt Haben,
Ich muss es einfach wagen.
Da sind so viele Fragen.
Was bleibt mir noch zu sagen?
All das Vertraute auf das ich einst baute
und mit meinem Blick schaute,
lass ich es hier an diesem Ort,
Denn ich muss fort an einen anderen Ort.
Einen an den all das nicht mehr gilt,
wo ein neues Schild für mich steht.
Eins auf dem steht,

16

Willkommen.

Dort gehe ich jetzt hin,

weil alles auf mich wartet,

mein Leben eben erst gestartet.

Viel zu lange ich schon darauf gewartet.

Jetzt lass ich das Chaos hinter mir

und komm zu mir.

Geh den Weg,

den niemand außer mir wird je gehen

oder verstehen.

Meinen, statt den von irgendeinem.

Das Chaos geht der Ruhe voraus.

Es muss beides geben in unserem Leben.

So wie ohne Licht kein Schatten.

Also geht das Chaos vorüber

um der Ruhe den Platz zu räumen

sowie all meinen Träumen.

Wenn der Abschied naht

Da ist dieses Gefühl in meinem Magen,
dass kann ich kaum mehr ertragen.
Was will es mir bloß sagen?
Ich weiß es schon,
höre seinen Ton.
Will es nicht wissen,
sonst spüre ich wie sehr ich werde alles vermissen.
Er kommt in großen Schritten,
was hat mich nur geritten?
Auch wenn ich weiß, dass es richtig ist,
kommt manchmal die Angst und ich denk, Mist.
So ganz kann ich es noch nicht fassen,
das ich werd all das hinter mir lassen.
Doch ich muss es wagen,
um mich nicht mein Leben lang zu fragen.
Der Abschied ist nah,
noch bin ich da.
Es ist nicht mehr lange,
mir ist nun viel weniger Bange.
Denn es ist Zeit für mich zu gehen,
um mich noch besser zu verstehen.
Das Alte hinter mir lassen,
auch wenn ich das Neue kann noch nicht wirklich fassen,
nicht begreifen,

was noch muss reifen.
Bald ist es soweit, ich bin bereit.

Ganz

Ich höre auf zu fragen
und
lasse mich stattdessen tragen.
Beende das ständige reden,
um mir selbst zu geben.
Nach innen zu schauen,
mich zu trauen,
darauf kann ich bauen.
Plötzlich herrscht Stille.
Weil ich das tu, was ist nur allein mein Wille.
Für mich,
mit einem Lächeln im Gesicht,
mehr bedarf es nicht.
Denn da ist in mir,
mein Licht.
Das strahlt so sehr wie die Sonne,
was ist das für eine Wonne.
Ich bin voller Liebe in mir,
die gehört nur mir.
Ich bin ganz.

Du bist nicht allein

Es wird immer jemand bei dir sein.
Auch wenn es manchmal anders scheint,
ist es das was uns eint.
Wir sehnen uns danach, wünschen uns so sehr ein Stück,
von diesem Gefühl zurück,
als wir noch untrennbar vereint.
Da wo wir ganz und gar behütet, beschützt, sicher, versorgt,
in ihrem Bauch.
Ja, das wünschen wir uns jetzt auch.
In uns allen gibt es diese große Sehnsucht nach diesem
Hort,
dem Ort,
an dem alles seinen Anfang nimmt,
unser Leben entspringt.
Sind wir erstmal auf dieser Welt,
geht es plötzlich um ganz andere Sachen,
ums Haben und machen.
Statt des einfachen Sein,
wie gemein.
Wir fühlen uns verloren,
einsam und so allein.
Wie kann das nur sein?
Kann keine Ruhe finden,
keinen Halt,

muss mich ständig neu erfinden.

Suche, sehne mich zurück,

will nur wieder ein Stück,

von diesem Glück.

Will endlich ganz sein,

eins sein.

Komplett.

Jetzt liege ich hier auf meinem Bett.

Weine, mit dem Schmerz in meinem Herz,

will mich vereinen.

Die Tränen laufen nur so herunter,

wann werde ich wieder munter?

Ich schließe meine Augen,

atme ein,

so soll es sein.

Mein Herz schlägt in meiner Brust,

entgegen jedem Verdruss.

Schluss.

Die Wärme ist da,

ganz nah,

es ist so still,

hier bin nur ich,

ganz ohne dich.

In mir,

statt in dir.

Ihr habt es mir gegeben dieses Geschenk,

wenn ich es richtig bedenk,

damit ich es lenk.

Aus euch bin ich entstanden,

das hab ich erst jetzt so richtig verstanden.

Zwei Teile, zwei Menschen,

in mir vereint,

dass ist damit gemeint.

Das bin ich.

Ein echtes Unikat,

was ich inzwischen richtig mag.

Nun bin ich hier,

auf dieser Welt,

nicht mehr in dir.

Trotzdem steckt es in mir.

Der Samen in mir gesät,

der Faden des Lebens für mich gewebt,

damit ich es erleb.

Damit ich kann mich erinnern,

falls ich es einst vergesse,

mir holen,

weil es mir nie gestohlen.

Ich war nie zwei,

daher bin ich nicht entzwei.

Immer eins,

ganz, heil, erfüllt,

es mir verhüllt.

Versteckt, gut dass ich es entdeckt,
neue Kräfte in mir geweckt.
Ich bin auf diese Welt gekommen,
bereits vollkommen,
niemand mir dies je genommen,
es war nur verschwommen.
Nie bist du allein,
solange du lebst,
so soll es sein,
weil dein Herz für dich schlägt,
dich durchs Leben trägt.
Du bist nicht allein.

Wenn es Zeit ist zu gehen

Manchmal kommt der Punkt im Leben,
da ist es Zeit.
Altes,
lang festgehaltenes,
gewohntes,
vertrautes, zu verabschieden.
Danke zu sagen für die gemeinsame Zeit,
nur so ist man dann bereit.
Weil es das ist, was immer bleiben wird,
die Erinnerung.
Doch jetzt lass ich los,
lass ich gehen,
um weiterzugehen.
Wieder frei zu sehen.
Mach mich auf
und vertrau darauf.
Lange wollte ich es nicht glauben,
ließ es mir beinahe den Verstand rauben.
In der Stille hörte ich endlich zu,
ließ es zu.
Es ist Zeit zu gehen,
ich kann es nun auch verstehen,
nur so kann es für mich weitergehen.
Das eine Kapitel schließt sich,

ich liebe mich,

sehe schon die neuen leeren Seiten,

welch Freude sie werden mir bereiten.

Wenn es Zeit ist zu gehen.

In der Stille

Nun bin ich hier in der Stille,
so ist es mein Wille.
Kein Wort aus meinem Mund,
dafür geht es im Kopf rund.
Die Gedanken und Gefühle,
treiben es kunterbunt.
Manch Träne ist geflossen,
wie hab ich die Stille auch genossen.
Auch wenn die Angst mal kam,
mir den Atem nahm,
war ich beschützt,
hab mich selbst gestützt.
Denn wirklich retten kann uns nur einer,
wie sonst keiner.
Ich, mich.
Aus mir heraus muss es kommen,
dann hab ich gewonnen.
Wieder mal ein Stück mehr
von dem, was ich inzwischen lieb so sehr.
Von mir.
Plötzlich ist da so viel Zeit,
ganz ohne Ablenkung,
ohne Wenn und Aber.
So ohne diese Worte,

deine oder meine,

komm ich an ganz geheime Orte.

Welch vorher allzu unerkannt,

mir dennoch wohl bekannt.

Ich hab mich wiedererkannt.

Der Blick geht tief nach innen,

wo ist noch so viel drinnen.

Schluss ist´s mit dem Verstecken,

Zeit fürs mich und meine Welt entdecken.

Was ich schon vorher wusste,

doch hier wieder lernen musste:

Alles hat seine Zeit.

Dies ist nun die meine,

damit ich mich vereine.

Ich freue mich auf das was kommt,

da es das ist, was bleibt.

Mich treibt.

Die Liebe,

die Hoffnung

und das Vertrauen,

auf das ich muss bauen,

dass nach der Nacht der Tag folgt,

mir noch ein Morgen bleibt,

in meinem Leib.

Kann ich wieder lieben?

Geht das?
Einfach so.
Woher weiß ich das?
Ich hab Angst;
wieder verletzt zu werden,
mich zu zeigen,
es zu wagen,
mich zu öffnen,
nur um dann wieder dazu liegen,
mit diesen Schmerzen im Herzen?
Ich kann und will nicht damit aufhören.
Nein.
Das wär gemein.
Also lass ich es sein.
Die Liebe ist mein,
deshalb lass ich sie wieder rein.
In mein Herz,
ganz ohne Schmerz.
Ich bin offen
und werde ich mal getroffen,
so werd ich es überleben
um danach wieder die Liebe zu erleben.
So ist sie eben.
Die Liebe.

Unser Gespräch

Wie zwei alte Freunde unterhielten wir uns.
Dabei kannten wir uns kaum.
War es nur ein Traum?
Nein.
Es ist passiert
und ich bin irritiert.
Was wohl als nächstes passiert?
Das ist das Leben, so kann es eben.
Schon kapiert.
Mit dir zu reden, deine Stimme zu hören,
zu merken, wie viel wir gemeinsam haben,
mich daran zu laben,
ist mehr als ich zu hoffen gewagt,
dich treffen will ich, hab ich am Ende gesagt.
Wie das wohl wird?
Dich dann zu sehen,
dir gegenüber zu stehen.
So dicht an dicht,
von Angesicht zu Angesicht.
Ich weiß es nicht.
Es ist egal, denke ich und freue mich.

Was wäre, wenn?

Was wäre,
wenn du das Leben leben könntest,
was du willst?
Was wäre,
wenn alles von dem du geträumt hast,
plötzlich möglich ist?
Was ist,
wenn alles möglich ist?
Was wäre,
wenn du alles hast was du brauchst?
Was wäre,
wenn du der Mensch sein könntest,
der du schon immer sein wolltest?

Tal der Tränen

Ich kenn mich plötzlich nicht mehr aus.
Sie schießen nur so aus mir heraus.
Kann kein Ende finden,
will nur dass sie endlich verschwinden.
Mag nicht mehr,
bin ich immer noch nicht leer?
Was willst du denn noch mehr?
Wo kommt ihr alle her?
Ich versinke,
ertrinke,
ersticke,
da ist nichts an dem ich erquicke.
Wollte nichts erwähnen,
von all den Tränen,
dich stattdessen in Sicherheit wähnen.
Keine Sorgen um mich dir machen,
denken das ich schon längst
kann wieder lachen.
Dabei stecke ich noch fest,
bin gefallen ohne Halt,
in diesen Spalt.
In das Tal der Tränen,
will es bloß nicht erwähnen.
Du sollst glauben,

32

du konntest mir mein Lächeln nicht rauben.

Denken es geht mir gut, nichts wissen von all der Wut.

Nach all den Tränen,

ist mir nach grämen und schämen.

Endlich raus aus diesem Tal,

welch Qual!

Schließlich kann ich wählen,

ob ich mich will quälen

oder stählen.

Genau.

Bin eine starke Frau!

Eine die sich traut,

sich selbst wieder aufbaut,

vor der nichts mehr graut.

Ich bin zurück, für mein Stück vom Glück.

Wer bin ich?

Ich weiß es nicht,
ist gerade die ehrlichste Antwort auf diese Frage,
die ich in mir trage.
Doch ich mag sie nicht.
Zeigt sie doch wie unsicher ich bin,
wie verletzlich,
wie verloren ich mich gerade fühle.
Wie gern ich mich selbst betrüge.
Denn dieses Gefühl tut weh,
es ist mitunter gar unerträglich,
denn ich fühle mich so kläglich.
Ganz und gar unvernehmlich.
Sieht man es mir an?
Ahnen Sie es?
Ich suche nach Antworten ohne zu wissen,
wo ich sie wirklich finden kann
oder
gar mit Angst ob mir meine Antworten auf diese Fragen
gefallen.
Am Ende ist es doch das was am Ende bleibt,
ich.
Was auch immer passiert,
am Ende bin ich es.
Hallo ich.

Entscheidung

Ich trag sie schon so lange mit mir rum.
Doch ich treff sie nicht,
schau ihr einfach nicht ins Gesicht.
Überlege hin und her.
Will nicht mehr.
Kann es sehen,
trotzdem nicht verstehen.
Wohin soll ich denn gehen?
So groß die Qual,
dabei hab ich die Wahl.
Die Verzweiflung, die Wut ist stark gewachsen,
sie zeigen mir ihre hässlichen Fratzen.
Bis da kommt dieser Moment,
in dem alles in mir brennt.
Ich nicht mehr anders kann und mich endlich besinn.
Plötzlich hat alles wieder Sinn.
Kiloweise fallen mir die Steine vom Rücken
und Herzen,
vorbei sind all die Schmerzen.
Die Entscheidung ist getroffen,
alles wieder offen.

30 über Nacht

Heute Morgen bin ich erwacht
und
plötzlich 30 über Nacht.
Wer hätte das gedacht?
Gleich hab ich von Herzen gelacht.
So viele Jahre sind inzwischen ins Land gegangen.
Bloß wie ist es mir ergangen?
Eins hab ich auf jeden Fall verstanden,
egal was war,
Glück wie im Rausch oder
Schmerz in meinem Herz,
all das hab ich überstanden,
bin sogar daraus,
gewachsen, wieder auferstanden.
Mein Leben ist das größte,
wertvollste Geschenk,
was man mir je wird machen.
Daher ist es am mir daraus etwas zu machen.
Mit lauter schöner Sachen
und viel zu lachen.
All das was ich heute bin,
kommt aus mir heraus,
da ich will ich nie mehr hinaus,
weil ich weiß,

irgendwann ist es aus.
Was steckt da noch alles drin?
Wer ich wohl am Ende bin?
Eine andere als heute,
weil ich mich noch oft häute.
Das wichtigste,
bin ich selbst,
dies ist das richtigste.
30 über Nacht.

Satt

Ich bin endlich satt.
Ja, stimmt.
Mein Hunger ist gestillt.
Eine innere Ruhe erfüllt mich.
Ich fühle mich wohl.
Spüre den Frieden,
bin nicht mehr getrieben.
Lass alles andere links liegen.
Kann aufhören zu rennen, zu eilen,
mal einfach nur verweilen.
Bei mir sein,
im hier,
in mir.
Satt.

Schön?

Oder nicht?
Gibt das dir Licht?
Dein Strahlen?
Was bist du bereit dafür zu zahlen?
Wie viel nimmst du dafür hin?
Wie tief, steckst du schon drin?
Macht das wirklich Sinn?
Wo bist du, dabei?
Reißt es dich nicht, entzwei?
Ist das Leben nicht viel zu schnell vorbei?
Wie lange willst du das noch machen?
Wirst du es je schaffen?
Schön sein, um jeden Preis?
Ist es das, was im Leben zählt?
Wer hat dir das bloß erzählt?
Oder ist es das, was du gewählt?
Lass mir dir sagen,
dann werd ich nie mehr fragen:
„Du bist schön, so wie du bist,
weil du eben keine, andere bist!"
Schön.

Manchmal

Da mag ich es nicht,
da fühle ich mich wie ein kleines Licht.
Mein Lächeln fehlt mir im Gesicht.
Statt warm,
ist mir kalt.
Einfach alles blöd.
Wenn ich dann auch noch Hunger krieg,
werd ich zum Tier.
Die Zeit will einfach nicht vergehen,
ich bleibe stehen.
Meine Gedanken und Gefühle drehen sich im Kreis,
was 'n Scheiß.
Nur was tun?
Ich denk daran,
dass auch das vorübergeht,
so wie am Abend der Mond am Himmel steht.
Es geht.
Manchmal eben, ist es auch so im Leben.
Manchmal.

Sprachlos

Kein Wort,
kein Gedanke in meinem Kopf mehr.
Alles leer.
Nein, ich bin sprachlos.
Was ist denn mit mir los?
Du gabst mir den Raum,
den ich so dringend brauchte,
ich glaub es kaum.
Plötzlich bin ich aufgestanden,
sieh was ist daraus entstanden.
Ein Schmetterling der jetzt weiß dass er fliegen kann,
genauso fängt es an.
Meine persönliche Reise,
die du hast unterstützt auf deine ganz eigene persönliche
Art und Weise.
Ich danke dir,
sonst wär ich nicht hier.
Manche deiner Worte
sind noch ferne Orte.
Doch das ist egal.
Ich bin bereit,
die Zeit ist endlich reif.
Du bautest mir eine Brücke,
über die ich gehe,

da ich endlich verstehe.
Ich danke dir Flo,
heute und morgen und jeden Tag,
den ich zu leben vermag.
Da fehlen mir die Worte,
ich mach mich besser auf an die fernen Orte.

Leben oder so ähnlich

Ich gehe eine Straße lang, ein letzter Blick zurück, dann die Stärke im Rücken, aus dem was war, für das was kommt.
Für das was vor mir liegt.
Das was in der Ferne noch so weit entfernt, ungewiss, da auf mich wartet.
Das Ziel, an manchem Tag mal mehr, an manchem Mal weniger, fest im Blick.
Entscheidend das es mein Weg ist, mein ganz eigener.
Mein Weg, meine Zeit, mein Leben.
Auf diesem Weg ist alles möglich, alles kann passieren, wir können alles tun, wenn wir es uns erlauben.
Die Grenzen sind nicht um uns herum, sie sind in uns.
Die gilt es nieder zu reißen, Stück für Stück auf dem Weg zum eigenen Glück.
Zu dir selbst.
Weg von all der Moral, den Werten, der Gesellschaft, den Be- und Verurteilungen.
Hin zu mir, zu einem Leben voller Liebe, in Frieden mit mir und dem Leben, im Einklang.

Reset Knopf gedrückt

Es ist aus.

Aus und vorbei.

Die Worte waren endlich ausgesprochen, doch der Schock steckt mir noch immer in den Knochen.

Wir beide, du und ich, jetzt wieder jeder für sich?

Konnte es nicht begreifen, sollte ich dich jetzt hassen?

Oder uns?

Es einfach nicht fassen.

Sollte es nun lassen.

Wohin mit meiner Liebe?

Ich habe nur noch geweint, ohne Halt.

Bin gefallen, gefallen und gefallen.

Hab weder dir noch mir mehr gefallen.

Da lag ich nun am Boden.

Hatte nur noch Schmerzen in meinem Herzen.

Wusste weder ein noch aus.

Wollte nur noch weg.

Am besten ganz weit, zu allem anderen war ich einfach nicht bereit.

Einfach vergessen, dass es passiert ist,

doch mit einem Mal war alles nur noch grau und trist.

Konnte nicht mehr essen und dich einfach nicht vergessen.

Saß einfach da, ganz starr und stumm, nur damit ging es nicht rum.

Bin einfach weiter, in der Hoffnung dann werd ich irgendwann schon wieder heiter.

Nur die Tränen, ließ ich nicht wirklich fließen, so konnten die Wunden sich nicht schließen.

Versuchte die Kontrolle zu behalten, mich selbst irgendwie am Leben zu erhalten.

Am Anfang hab ich drüber gesprochen, mein Herz war gebrochen, doch jedes weitere Mal, wenn ich drüber sprach, fühlte ich die Schmach.

Ich hatte versagt, so das Gefühl in mir, mich schuldig gemacht.

So hab ich gedacht!

Doch so ist es nicht.

Nein.

Ich war einfach nur so verdammt allein.

Wieder einsam, statt mit dir gemeinsam.

Konnte nicht glauben das es uns passiert, wo wir am Anfang so glücklich liiert.

Wo einst die Liebe regierte, war nur noch Schmerz, da in meinem Herz.

Erst mit der Zeit stand ich da und erkannte, ich rannte und rannte.

Weg, vor dir, vor mir, vor uns und unserem Ende.

Bis ich mich endlich auf mich besann.

Und hörte was ich längst wusste, dass ich mir vergeben musste.

Verzeihen, das in mir, kann wieder gedeihen.

Die Liebe, zu mir selbst.

Das ist der Anfang, der Ort, an dem alles beginnt, von wo aus es entspringt.

Mein Herz wieder klingt.

Es schlägt, wieder trägt, leicht ganz seicht.

Ohne Kummer oder Sorgen oder Schmerzen,

stattdessen geborgen im Herzen.

Ich verzeihe mir!

Verzeihe dir.

Bin hier.

Hab es überlebt, verstanden, dass ich daraus auferstanden.

Fang wieder an und glaube daran.

Mir zu vertrauen und auf mich zu bauen.

Den Glauben an die Liebe hab ich mir erhalten, lerne sie zu gestalten.

Steh jetzt endlich auf und geh und mach mich auf.

Widerstand

Ich geh über meine Grenzen hinaus
und lern daraus.
„Das geht doch nicht!"
Das kann ich nicht machen."
Sind solche Sachen,
die verhindern,
dass meine Schmerzen lindern.
Statt dafür zu sorgen,
dass ich mich geborgen fühle.
Leiste ich mit aller Kraft Widerstand,
weil nicht sein kann, was ich nicht will.
Ich kämpfe und bemühe mich,
für ein anderes Ich.
Eins das ich nicht bin.
Das macht so wenig Sinn.
Darum lass ich es sein
und sag dazu, nein.
Stattdessen hege und pflege ich mich,
für mein wahres Ich.
Mich.

Freie Sicht

Das Licht bricht
und gibt mir dein Gesicht.
All diese Fassetten,
will ich sehen, verstehen, berühren, spüren.
Insgeheim lässt du mich,
schon länger rein.
Ganz so wie ich,
dich.
Vorher waren wir lange außer Sicht.
Haben uns nicht gekannt,
sind aneinander vorbeigerannt.
Jetzt sind wir entflammt.
So ganz ist es mir noch nicht geheuer.
Ich reich dir meine Hand als Pfand
und tanz dabei im Sand.
Ganz ohne Verstand.
Die Sonne scheint mir ins Gesicht,
endlich hab ich freie Sicht!

Kennst du das?

Die Luft zwischen uns vibriert,
sie flirrt.
Hier kenn ich mich aus
und
will hier nie mehr raus.
Ich will deinen Herzschlag spüren,
dich endlich berühren.
Verführen.
Begehren, statt verwehren.
Wir stehen uns gegenüber,
komm noch ein Stück rüber.
Näher, ganz nah,
endlich bist du da.
Unsere Blicke treffen sich,
ich vergesse mich.
Mein Herz pulsiert,
die Lust regiert.
Ich bin verwirrt.
Denn plötzlich bin ich wach,
leider nur ein Traum,
in meinem Raum.
Kennst du das?

Perfekt

Ich suchte ständig das Perfekte,
bevor ich mich selbst entdeckte.
Was soll ich sagen,
da gibt es nichts mehr zu fragen.
Jetzt gilt es zu wagen,
statt ständig zu verzagen.
Mein Lächeln zu tragen,
die Lust zu leben,
ohne zu reden.
Ich eben.

An mein Herz

Ich fühle deinen Schmerz,
mein Herz.
Es tut dir so weh,
du bist gefangen,
so ist es dir ergangen,
als wir gingen auseinander,
füreinander.
Du bist entzwei,
ich höre deinen Schrei!
Lass die Tränen fließen,
um die Wunden zu schließen.
Ich bin da, bei dir,
weil du ein Teil von mir.
Hör dir zu, lass es zu,
damit du kommst
zur Ruh.
Mein liebes Herz,
er ist da der Schmerz,
doch ich muss weiter,
nur so bin ich irgendwann wieder heiter.
Daher geh ich weiter.
Meinen Weg,
für dich, für mich,
für uns.

Weil irgendwann,
da bin ich sicher,
ist er fort,
der Schmerz,
mein Herz,
an einem fernen Ort.
Schön, dass es dich gibt!
Und dich einer liebt!
Ich.

Lass los!

Stehst du noch da,
ganz still und starr?
Oder gehst du mutig weiter.
Die Welt dreht sich eh weiter,
egal ob du traurig oder heiter.
Es geht immer weiter.
So ist das Leben, eben.
Sei bei dir, hier.
Einfach da,
ganz nah.
Sind die Tränen da,
ja, nicht wahr?
Lass sie zu,
wehrst du dich, kämpfst du?
Wozu?
Sobald sie fließen,
können sich die Wunden schließen.
Kannst du wieder genießen.
Das fühlt sich falsch an,
ich weiß.
Nur wenn du dich quälst, denk daran.
Wofür, um welchen Preis?
Du hast so viel getan,
warst bereit alles zu geben,

jetzt ist es an dir,
dir zu vergeben.
Dir zu danken,
statt weiter zu wanken.
Mit all den Schmerzen im Herzen,
werfe ich sie dir zu,
die Liebe für dich,
denn erst dann,
komm ich endlich zur Ruh
und statt Hieben,
schließe ich meinen Frieden!

Es ist aus und vorbei

Aus Du und Ich
wurde wieder,
ich für mich.
Das Wir war weg,
alles keinen Sinn und Zweck.
Groß ist der Schmerz,
in meinem Herz.
Mit einem Mal,
ist nichts mehr wie es war.
Einst ist mir jetzt klar,
so wie es einmal war,
wird es nie wieder sein.
Ich bin jetzt allein.
Für immer mein.
So soll es sein.
Die Liebe geb ich nicht auf,
ich baue darauf.
Ich habe es nicht verstanden,
nun weiß ich Bescheid und bin wieder auferstanden.
Mich gibt´s auch ohne dich.
Für mich.

Ja

Ist es wirklich wahr?
Denke ich und stehe einfach da.
Hier bei mir.
Ich schaue in die Ferne,
fühle langsam die Wärme.
Der Wind fährt mir durch die Haare,
das ist jetzt das Wahre.
Mit meinen Händen umschling
ich nun mich,
statt dich.
Mir ist es schon länger klar,
ja,
es ist wahr.
Loslassen.
Freigeben, um zu leben.
Mein Leben.

Hallo Leben

Wir geben und nehmen
wonach wir streben.
So kann das Leben.
Das ist es ja eben.
Was wollen wir weben?
Wie wollen wir leben?
Wo geht es hin?
Was steckt da in uns drin?
Keine Ahnung, es gibt ja keine Warnung.
Ich weiß nichts mehr,
bin so leer.
Steh da,
ganz nah.
Kannst du mich hören?
Ich bin da.
Hier.
Bei dir.
Leben, ich bin hier,
bei dir.
In mir.

Mein Herz

Es bebt, oh ja, es schwebt.
Wie geeil, es lebt.
Dein Kuss auf meinen Lippen,
stürzt meine Angst über die Klippen.
Das Blut rauscht durch meine Venen,
erschüttert mich wie ein Erdbeben.
Nichts hält mich mehr auf.
Deshalb mach ich mich auf.
Für die Liebe zu dir,
in mir.
Mein Herz.

Der Blick

Ich seh dich an.

Direkt in deine Augen.

Du erwiderst meinen Blick.

Wir halten inne.

Keiner wird was sagen oder fragen.

Ich sehe dich,

ganz und gar.

Das ist wunderbar.

Du bist wie ich,

für mich.

Ich fühle mich verstanden.

Keiner weicht aus oder will hier raus.

Raum und Zeit ist fort,

an einem anderen Ort.

Niemand von uns will es zerstören oder etwas hören.

Nach einer ganzen Weile,

ganz ohne jede Eile,

gehen wir fort,

gemeinsam an einen neuen Ort.

Frei

Du bist in mir.
Schon immer gewesen,
weil ich aus dir entstanden bin.
Ein kleines Wesen,
bin ich gewesen.
Inzwischen in all der Zeit,
bin ich bereit.
Ich bin gewachsen,
sogar ein Stück erwachsen.
Mach mir nichts mehr daraus,
darüber bin ich längst hinaus.
Muss mich selbst und dich nicht mehr bekriegen oder versuchen zu siegen.
Der Kampf ist vorbei.
Ich bin endlich frei.
Sehe es heute aus der Ferne,
mit viel mehr Wärme.
Die Waffen sind niedergestreckt,
ich hab das Gesicht der Sonne entgegengestreckt.
Frei.

Ich gehöre mir

Wer bin ich,
sobald ich aufhöre jemand anders sein zu wollen,
statt der, die ich nun mal bin?
Was wäre, wenn ich, die bin, die ich bin?
Ich, also?
Reicht das?
Genügt das?
Genüge ich?
Oder genüge ich nur,
wenn ich andere vergnüge?
Was ist mit meinem Vergnügen?
Sollte das nicht genügen?
Genug ist genug!
Ich nehme einen anderen Zug.
Meinen, statt deinen.
Stehe jetzt auf eigenen Beinen.
Statt immer nur zu weinen.
Ich atme, also leb ich.
Mein Leben gehört mir,
statt dir.
Ich gehöre mir,
für immer,
mag dich nimmer.
Ich, für mich.

Statt ich, für dich.
Mich.

Ein Leben

Wenn wir begreifen,
dass wir nur dieses eine Leben haben.
Leben wir dann endlich das Leben,
das wir leben wollen?
Ganz ohne Grollen?
Oder auch nur eins, das wir sollen?

Liebe

Ich verzeihe mir.
Statt ständig Hiebe,
gibt es endlich Liebe.
Liebe ist alles.
Statt Schmerzen
verteil ich jetzt Herzen.
Mein Leben gehört mir.
Und das geb ich nimmer mehr her.
Ich will noch viel mehr!
All die Schranken brachten mich ins Wanken.
An diesem Ort wachsen jetzt Ranken.
Durch mich für mich.
Ohne Häme,
oder dass ich mich schäme, zeig ich mich.
Statt immer für dich schön zu sein,
will ich,
Ich sein.
Für mich.
Mich gibt es kein zweites Mal,
denn ich hab die Wahl!
Ich liebe mich, auch ohne dich.
  Für mich.

Ich genüge

Ich sah dich
und durch dich
sah ich endlich mich.
Als ich deine Worte hörte,
begriff ich,
das ich schon immer nur mir gehörte.
Was mich störte,
war nichts von dem ich hörte.
Nein.
Denn da gab es nichts.
Ich war einfach da und das genügte.
Ich genügte.
Endlich.
Einfach, ich nur für mich.
Ich sehe dich
und verstehe mich.

Leben in Sicht

Ich schwimme und schwimme
ziellos umher.
Find das Land in Sicht nimmermehr.
Die Beine schwer,
überall nur Meer.
Nichts mehr zu hoffen,
fast wär ich ersoffen.
Ich leg mich auf den Rücken
und lass mich vom blauen Himmel verzücken.
Alles verschwimmt,
in mir,
mit mir.
Schwerelos.
Atemlos.
Bin ich eins.
Frei.
Ruhe ist hier,
die Liebe zu mir,
mein Herz schlägt,
es trägt.
Ein Ruck durchfährt mich,
plötzlich sehe ich Land in Sicht.
Nein, Leben in Sicht,
zaubert mir ein Lächeln ins Gesicht.
Frei.

Kompass

Wo ich stehe,
ist wo ich gehe.
Immer in deiner Nähe.
Dreh ich mich im Kreise,
auf meine Weise,
so ist das Teil meiner Reise.
Je weiter ich mich entferne von dir,
so tue ich das auch von mir.
Jetzt bin ich hier,
ganz bei mir,
dank dir.

Das Glas

Ich sehe es aus den Augenwinkeln noch fallen.
Aufhalten kann ich es nicht mehr.
Peng!
Mit einem lauten Knall schlägt es auf dem Boden auf und
zerspringt in seine Einzelteile.
Der Aufprall hallt nach, in mir.
Was macht er mit mir?
Stopp! ruft er.
All die Scherben liegen jetzt auf dem Boden verstreut.
Scherben bringen Glück, denke ich.
Während ich alles aufsammle, für Ordnung sorge und sau-
bermache.
Fast so als wäre nichts passiert.
Das ist es aber.
Ich bin passiert.
Leben.
Alles ist jetzt klar, weil es das schon immer war.
In dir, in mir, in allen.
Das Glas, der Knall,
es kommt ein riesengroßer Schwall,
mit einem Mal.
Ich komme nicht mehr Drumherum,
doktor nicht mehr halbherzig rum.
Darum bin ich jetzt endlich ich,

statt ständig ein billiges Plagiat,
das ich nicht mehr mag.
Denn ich bin mehr, als ich zu sein vermag.

Der erste Schritt

Ist nie der Anfang.
Er ist die Konsequenz.
Die Quintessenz, die Konvaleszenz.
Danach ist nichts mehr wie es war,
das ist klar.
Oft erfordert er großen Mut,
manchmal entsteht er aus großer Wut.
Oder einem ist Angst und Bange,
mit der Verzweiflung, Wange an Wange.
Ist er erst mal gegangen,
so ist man nicht mehr gefangen.
Jeder weitere Schritt,
Tritt um Tritt,
wie ein einzig weiter Ritt.
Dies war nun der erste Schritt.

Wir zwei

Ich und du.
Wir zwei.
Wir haben uns geliebt.
Einander vertraut,
uns etwas aufgebaut.
Niemals geglaubt
oder getraut ein Ende zu bedenken.
Du und ich,
eine Einheit.
Zusammen.
Für immer.
Das war der Plan.
Und jetzt?
Aus.
Vorbei.
Ich und ich
statt
Ich und du.
Wir zwei.

Der Seelenraub

Es wurde mir meine Seele geraubt.
Ich konnte mich nicht befreien
und meine Seele retten.
Ohne meine Seele bin ich,
wie der Tag ohne Sonne und Mond.
Sie wurde mir geraubt,
als ich mich selbst und die Welt aufgab.
Ich dachte,
ich würde an dem Leben kaputtgehen.
Aber ich gehe nicht an dem Leben kaputt, sondern weil ich
es nicht ändere.
Hoffentlich bekomme ich, wenn ich mein Leben ändere meine
Seele zurück.

Es ist mir so fremd

Dass was ich so liebte,
entfremdete sich mir immer mehr.
All die langen Jahre,
wo es bei mir war.
Jetzt von Tag zu Tag liebe ich es auch,
aber es ist mir fremd geworden.
Ich erkenne es kaum wieder.
Solange habe ich es doch gehabt.

Das ist mein eigen

So viele Gedanken in meinem Kopf.
Niemand wird je all das denken,
was ich denke.
Dass was ich fühle
und empfinde ist mein eigen.
Denn ich bin einzigartig!
Keiner ist so wie ich.

Lern mich kennen!

Du scheinst mir so nah,
leider bist du mir nicht so nah wie ich hoffte.
Immer,
wenn ich mit dir zusammen bin,
scheint die Welt so wundervoll.
Manchmal sitze ich dann später noch lange in meinem
Zimmer und bin erleichtert,
denn ich weiß dass du nun mehr von mir weißt.
Und das ist gut!

Der Moment des Glücks

Die See ist ruhig,
aber wunderschön.
Überall um mich herum Wasser
und
weit entfernte Bäume.
Das hat mir gefehlt.
Diese Unberührtheit, die Ruhe und die Freiheit.
Ich liebe dieses Gefühl
und
doch ist es wieder nur ein Moment des Glücks.
Nur ein kleiner Moment,
der vergeht.
Denn der Moment ist vergänglich.

Du wirst nie jemand anders sein können

Ich bin ich.
Du bist du.
Ich bin nicht du.
Du bist nicht ich.
Ich kann nie du sein.
Du kannst nie ich sein.
Denn du bist nicht ich!
Und wirst es auch nie sein.

Schäm dich!

Du verleugnest mich.
Warum?
Ich weiß es,
weil du dich für mich schämst.
Obwohl du sagst,
das du mich liebst,
kann ich dir nicht glauben.
Denn du verleugnest mich!
Eigentlich sollte ich mich für dich schämen!
Weil du mich nicht liebst.
Du bist ein Betrüger.

Später

Allein und verlassen war ich.
Nun kommt er wieder.
Aber ich will ihn nicht mehr,
das sagt zumindest mein Kopf.
Er sollte wieder gehen.
Und nicht wiederkommen.
Oder?
Bitte geh jetzt,
aber komm später wieder.

Kenne ich dich?

Wer bist du?
Woher kommst du?
Wenn ich das weiß, kenn ich dich dann?
Ich glaube nicht.
Kenne ich dich,
wenn ich weiß was du am liebsten isst?
Nein.
Ich kenne dich nur so,
wie ich dich kennen will.
Nicht wie du wirklich bist.

Eine Halluzination

Ich seh dich, aber ich hör dich nicht.
Ich hör dich, aber ich seh dich nicht.
Deine Worte auf Papier habe ich, aber dich hab ich nicht.
Tage vergehen.
Die Erinnerungen an dich verblassen, wo hab ich sie nur
gelassen?
Kenn ich dich?
Nur deinen Namen.
Du existierst nicht!

Still und starr

Ich kann kein Versprechen brechen,
denn ich verspreche nichts.
Kein Wort vergessen was ich einmal sagte,
denn ich sagte nichts.
Werde nie etwas vergessen,
denn ich habe nichts getan.
Ich stehe still,
wie könnt ihr mich beschuldigen?
Still und starr,
ganz leise atme ich noch.
Schuldig, bin ich nicht!

... kein passendes Ende

Ich beginne immer Zeile für Zeile, Wort für Wort.
Und doch find ich kein passendes Ende.
So ist es nun so,
dass ich aufhöre zu schreiben und es zur Seite lege.
Obwohl ich doch immer wieder beginne.

Siehst du nichts?

Bist du blind?
oder warum siehst du nichts?
Bitte, öffne deine Augen.
Mach sie auf!
So, vielleicht siehst du dann endlich was vor deinen Augen
passiert.
Denn es ist überhaupt nicht so, wie du es gerne hättest.
Schau dir unsere Welt doch mal genau an.
Siehst du nicht die Realität?
Siehst du nichts?

Gefangen

Gefangen in einem Käfig,
im Gefängnis
oder in sich selbst.
Ist all das,
nicht, dass,
wovor die Menschen Angst haben?
Gerade davor,
gefangen zu sein.
Wo auch immer, das ist nicht wichtig.
Gefangen und nie wieder frei.
Gefangen.

Ohne Titel

Jede Berührung von dir fühlt sich an wie ein leichtes strei-
cheln meiner Seele
und nicht nur meiner Haut.
Es durchfährt mich ein leichter Stromschlag,
mein Herz klopft lauter.
Bumm Bumm Bummm bumm
Kannst du es hören?
Es fühlen?
Ich schau dir in die Augen,
alles andere ist unwichtig.
Die Welt bleibt stehen.
Nur du und ich.
Wir beide.

Ich will dich

Ich berühre dich.
Ich streichle dir sanft über die Wange
und schaue in deine Augen.
Ich spüre deinen Atem.
Ich küsse dich sanft.
Du schmeckst nach mehr.
Ich schaue dir in die Augen.
Stirn an Stirn stehen wir da.
Kein Wort.
Nur fühlen,
den Moment zusammen aufsaugen und genießen.
Kein was wäre, wenn.
Du ziehst mich an dich und küsst mich.
Mir wird schwindelig, du hältst mich.
Ich habe keine Angst, du bist da.
Ich will dich spüren, berühren deinen Körper entdecken.
Ich will dich.
Herz an Herz.
Haut an Haut.
Unsere Herzen schlagen im selben Takt.
Wir küssen uns, wir berühren uns und entdecken einander.
Meine Lust wächst.
Auf dich, auf deinen Körper.
Ich spüre wie es mich beinahe vor Lust zerreißt.

Endlich.
Du und ich zusammen.
Gemeinsam geben wir uns unserer Lust hin.
Die Lust raubt uns beinahe den Verstand.
Bis wir beide einander erliegen.
Mein Kopf ist leer.
Ich will mehr davon,
mehr von dir.

Wartebank

Ich sitze hier auf meiner Wartebank.
Schon eine ganze Weile, ohne Eile.
Ich warte hier auf dich,
auf dich und mich.
Bei diesem Warten,
gibt es so viele Arten.
Mal sitze ich, dann stehe ich auf, schau nach dir, ob du heu-
te kommst?
Oder morgen?
Ich bin in Gedanken,
lass sie die Bank hochranken.
Mein Leben ist im Wanken,
da sind nur noch Schranken.
Ich bin hier,
du bist dort,
einer ist am falschen Ort.
Ist all das Warten Mord?
Lebe ich noch oder warte ich nur?
Auf den richtigen Augenblick, auf dich,
auf uns, aufs Leben?
Eben.
Ich ruh mich aus,
dann nehm ich Reißaus
Zurück ins Leben!

Liebe

Dieser warme Fluss überflutet mich,
seine Wärme strahlt in mir,
sie nährt mich,
sie trägt mich,
sie hält mich,
sie zerreißt mich beinah.
Mein Herzschlag, dröhnt mir in den Ohren,
ich kann ihn kaum mehr hören.
Raum und Zeit verschwinden vor meinen Augen.
Es fühlt sich an wie ein großer Rausch,
als wäre plötzlich alles möglich,
alles andere ist plötzlich bedeutungslos.
Dieses Gefühl ist schonungslos,
bedingungslos.
Plötzlich da,
immer nah.
Nah bei mir,
in dir und mir.
Am Anfang nicht gewusst,
wie es heißt,
nur dass es an mir reißt.
Ich bin kaum mehr in Eile,
denn ich verweile.
Die Zeit bleibt stehen,

kann es darum gehen?
Ich glaubte, die Liebe gäbe es nicht ohne Hiebe,
doch zu hoffen hab ich gewagt.
Jetzt ist sie hier, in mir, in dir
für mich.
Ich glaub, ich liebe dich.

Liebe....

Du bist so zart,
so sanft wie ein Windhauch der mir eine Gänsehaut am
ganzen Körper beschert.
Ich habe lange nicht an dich geglaubt, konnte es nicht, nie
gewusst wie du dich anfühlst,
ob ich dich überhaupt fühlen kann.
Ich kann.
Die Liebe ist da, sie ist kaum in Worte fassbar.
Sie ist nicht nur zwischen zwei Menschen, nein
sie ist in uns, in jedem einzelnen von uns.
Wir sind voll davon.
Wir sind Liebe.

DU

Du und ich.
Auf ewig dein,
auf ewig mein,
auf ewig uns.
Wir zwei, das mit uns, das ist mir jetzt klar, das ist wirklich
wahr.
Kein Traum, keine Illusion.
Nein.
Die Verliebtheit ist inzwischen fast vorüber, was ist über?
Liebe.
Dieses warme stechende Gefühl, das vom Bauch aus meinen
ganzen Körper erobert, ja das ist jetzt da.

Liebe ?

Du fährst mir mitten in den Bauch.
Dieses warme leichte Gefühl, das vom Bauch in den ganzen
Körper strömt.
Das ist Liebe.
Ja, es ist berauschend, glücksüberströmend, die Zeit steht
still.
Kein Wort, kann es fassen, ich es aber auch nicht lassen.
Vernunft aus;
Herz an.
Sie kennt keine Grenzen, sie ist grenzenlos, ohne Limits.
Liebe ist,
sprachlos.
Zart,
wild,
hungrig,
einsam,
zerreißend,
all das ist sie und doch ist sie es nicht.
Sie ist da und doch ist sie es nicht.
Kein Gesetz, kein Anker, Liebe hat ihre eigenen Gesetze.
Die Liebe überrascht dich, wenn du es am wenigsten erwar-
test, sie trifft dich mitten ins Herz.
Sie nimmt dir die Worte und gibt dir Gefühl.
Fühl es, nimm sie, lass sie los.

Liebe kommt, Liebe geht, Leben bleibt.
Ich liebe es, zu leben.

Gedichtverzeichnis

Herr Kummer 1

Wenn du erkennst, dass du immer nur rennst 3

Ich kann dich noch immer sehen 6

Lebenshaus 8

Wunder 10

Die Tür ist zu 11

Die Erinnerung an uns 12

Ich und Du 14

Chaos 16

Wenn der Abschied naht 18

Ganz 20

Du bist nicht allein 21

Wenn es Zeit ist zu gehen 25

In der Stille 27

Kann ich wieder lieben? 29

Unser Gespräch 30

Was wäre, wenn? 31

Tal der Tränen 32

Wer bin ich? 34

Entscheidung 35

30 über Nacht 36

Satt 38

Schön? 39

Manchmal 40

Sprachlos 41

Leben oder so ähnlich 43

Reset Knopf gedrückt 44

Widerstand 47

Freie Sicht 48

Kennst du das? 49

Perfekt 50

An mein Herz 51

Lass los! 53

Es ist aus und vorbei 55

Ja 56

Hallo Leben 57

Mein Herz 58

Der Blick 59

Frei 60

Ich gehöre mir 61

Ein Leben 63

Liebe 64

Ich genüge 65

Leben in Sicht 66

Kompass 67

Das Glas 68

Der erste Schritt 70

Wir zwei 71

Der Seelenraub 72

Es ist mir so fremd 73

Das ist mein eigen 74

Lern mich kennen! 75

Der Moment des Glücks 76

Du wirst nie jemand anders sein können 77

Schäm dich! 78

Später 79

Kenne ich dich? 80

Eine Halluzination 81

Still und starr 82

... kein passendes Ende 83

Siehst du nichts? 84

Gefangen 85

Ohne Titel 86

Ich will dich 87

Wartebank 89

Liebe 90

Liebe.... 92

DU 93

Liebe ? 94